Alle Menschen tragen
von Geburt an dieselben
Grundbedürfnisse mit sich,
es sind mindestens 12.

Der Inhalt dieses Buches kann ein wertvoller Beitrag zur Entwicklung einer deutlich menschlicheren Zukunft sein.

© Michael Johanni 2026
Verlag: BoD · Books on Demand GmbH,
Überseering 33, 22297 Hamburg, bod@bod.de
Druck: Libri Plureos GmbH,
Friedensallee 273, 22763 Hamburg
ISBN: 978-3-7543-7910-3

Erstfassung 2022
Neufassung 2024, 2026

Das kleine Grundbedürfnisbuch

Ein begehbarer Weg

von

Michael Johanni

2026

Menschlichkeit macht den Unterschied

Mensch sein

Du wurdest als Mensch geboren.
Deshalb – lebe menschlich, denke
menschlich und entscheide menschlich.

Prolog

Sobald wir besser zusammenhalten, wir auch erkennen, dass die große Mehrheit der Bevölkerung in Harmonie und Frieden leben möchte, erreichen wir das herbeigesehnte Dasein, in dem es stets die oberste Priorität sein wird, Menschlichkeit in allen Lebensbereichen zu fördern und zu schützen.

Noch sind wir davon ein größeres Stück entfernt – das beweisen die starken Ängste, die eine Mehrheit von uns Bürgern beinahe täglich mit sich trägt.

Auch beklemmende Armut und schmerzliche Obdachlosigkeit zeigen, dass sich „Menschen" über uns stellten, für die ein lebenswürdiges Dasein der Bevölkerung ein Dorn im Auge ist.

Deshalb müssen wir uns in unserem eigenen Interesse auf die natürlichen Stärken besinnen, die wir alle von Geburt an in uns tragen.

Wir sollten eine echte Gemeinschaft bilden!

Eine solche entsteht, sobald wir uns gegenseitig unterstützen, uns regelmäßig ergänzen und die Grundbedürfnisse aller Bürger beachten.

Meine Vision

Ein wirklich ausgewogenes Gesellschaftsgefüge wird mit seinen positiven Auswirkungen zu einer deutlich menschlicheren und mit allen notwendigen Gütern versorgten Weltgemeinschaft führen.

Freiheit

Freiheit erwächst aus Gerechtigkeit.

Gerechtigkeit entsteht auf der Basis von Wahrheit.

Wahrheit findest du, wo wahre Menschlichkeit an erster Stelle steht – und dort offenbart sich Freiheit.

Der Unterschied zwischen einem Bedürfnis und einem Grundbedürfnis

Ein Bedürfnis kann beliebig sein – zum Beispiel das neueste Smartphone, den aktuellsten Fernseher oder ein schnelleres Auto zu wollen.

Unsere **Grundbedürfnisse** hingegen sind nicht beliebig – wir tragen sie von Geburt an in uns.
Sie bilden einen wesentlichen Teil der menschlichen, natürlichen Eigenschaften und beeinflussen damit unser Dasein.
Alles, was wir tun und erleben, hängt direkt mit ihnen zusammen.

DAS GRUNDBEDÜRFNISBAND

nach Michael Johanni 2015
Menschenrechtsaktivist und Autor

Ein Schlüssel

In der bewussten, gegenseitigen Beachtung unserer Grundbedürfnisse, liegt einer der Schlüssel für eine deutlich menschlichere Welt.

12 Grundbedürfnisse

Nahrung

Schlaf

Mitteilungsgrundbedürfnis
Das natürliche Verlangen, sich mitzuteilen

Neugierde

Geborgenheit

Zuneigung

Anerkennung

Harmonie

Fortpflanzung
Das natürliche Verlangen,
die Spezies Mensch zu erhalten

Sexualität

Freie Meinungsäußerung
Das natürliche Verlangen,
eine nützliche Meinung kund zu tun

Kreativität
Das natürliche Verlangen nach mentaler
Förderung, Fähigkeiten zu erlangen,
sie zu leben und zu erweitern

Es ist unser natürliches Recht

Wir Menschen haben das natürliche Recht, uns dem Glücklichsein anzunähern.

Das Grundbedürfnis
Nahrung

Wir Menschen brauchen eine ausgewogene Ernährung.

Je nach körperlicher Verträglichkeit täglich mindestens eine Portion Gemüse und Obst verzehren.

Gemüse sollte nur schonend gegart, nicht gekocht werden.

Nährstoffe, wie z. B. Vitamine (möglichst natürl. Ursprungs), Ballaststoffe und Mineralien sowie einfach und mehrfach ungesättigte Fettsäuren, wie auch Omega-3 und Omega-6-Fettsäuren, beispielsweise von hochwertigem Lein- und Olivenöl, Walnüssen und der Avocado, sind für unsere Gesundheit sehr vorteilhaft.

Gesundheitsschonend ist auch der geringe Fleisch- und Wurstkonsum. Fertigprodukte sollte man vom Speiseplan streichen.

Zucker, sowie zuckerhaltige Getränke, möglichst meiden. Chemische Süßstoffe schaden unserer Gesundheit! Wichtig ist zudem, dass wir täglich auf eine ausreichende Flüssigkeitszufuhr achten – 2 bis ca 2,5 Liter (Tee, selbstgepr. Fruchtsäfte, abgekochtes, abgekühltes Wasser).

Am Abend empfiehlt es sich, ca. drei Stunden vor dem Zubettgehen nichts mehr oder nur ganz leichte Kost zu essen.

Sei authentisch

Wir Menschen sind von Geburt an freundliche Wesen, wir müssen uns nicht erst dazu zwingen.
Wir sollten uns nur zutrauen, menschlich authentisch zu sein, dann ergibt sich Vieles von allein.

Das Grundbedürfnis
Schlaf

Der menschliche, biologische Aufbau umfasst Körper und Geist gleichermaßen. Weil dem so ist, bedeutet ausreichender, entspannter Schlaf immens viel – dies gilt vor allem für die Stärkung unseres Immunsystems.

Nachtarbeit lässt uns Menschen schneller altern und erkranken. Deshalb sollte spätabends und in der Nacht nur dort gearbeitet werden, wo es wirklich nötig ist – z. B. in Hospizen, auf Palliativstationen, in Pflegeheimen, Krankenhäusern, Rettungsdiensten, Feuerwehr, bei Bus-, Bahn- und Taxiunternehmen.

Achten wir stets auf unseren Bio-Rhythmus, der eng mit den Tages- und Nachtzeiten zusammenhängt.

Der Platz in den Herzen

Dein wahres Zuhause, dein Daheim, ist nicht ein Haus, eine Wohnung oder ein Ort, sondern der Platz in den Herzen verständnisvoller Familienangehöriger, wirklicher Freunde und anderer dir zugeneigter Menschen.

Das Mitteilungsgrundbedürfnis

Es entspricht ganz und gar der menschlichen Natur, sich anderen Menschen mitteilen zu wollen.

Wenn wir uns nicht miteinander austauschen, durch Sprache, Mimik und Gestik, stecken wir in Begrenztheit, Abkapselung und Einsamkeit fest.

Viele Gedankengänge verlieren ihren Sinn, weil sie nicht an Mitbürger weitergegeben werden.

Nun denn, ändern wir es – reden wir mit unseren Mitmenschen.

Wir befinden uns im richtigen Umfeld,
sobald es Freude bereitet,
mit anderen Menschen
über nahezu alles reden zu können.

„Man muss zeitlebens
so sehen können, wie man
als Kind die Welt sah."

Henri Matisse 1869-1954
Maler, Graphiker
Bildhauer

Das Grundbedürfnis
Neugierde

Unsere Neugierde ist etwas Wunderbares – ein wirklich wertvolles Geschenk der Natur.
Neugierig sein zu können bedeutet, in einem Umfeld zu leben, in dem zwischenmenschliche Offenheit als selbstverständlicher Teil eines positiven Miteinanders bewertet wird.

Ohne die natürliche Neugierde bleiben wir Menschen innerhalb eines beengten Gedankenkreises, sodass unser Horizont kaum über den Tellerrand hinausreicht.

Deshalb – lebe – sei neugierig und nutze das Wissen für ein Dasein in Würde, und für eine wirklich menschliche Gemeinschaft.

Privatsphäre

Jedem Bürger

muss das menschliche Recht

auf eine würdebeachtende Wohnung

zustehen, damit seine Privatsphäre

ausreichend Platz und Schutz hat.

Das Grundbedürfnis
Geborgenheit

*Geborgenheit ist die warme Decke,
die jeder von uns braucht.*

Sich geborgen fühlen heißt, sich fallen lassen zu können. Zu wissen, dass man jetzt und hier in einer Umgebung verweilt, die durchtränkt ist von aufrichtigem Vertrauen.

Es ist, als würde dir eine warme Decke behutsam über deinen frierenden Leib gelegt.

Sich wie zu Hause fühlen, weil Menschen da sind, die sich um dich kümmern – die nichts anderes im Sinne haben als dein Wohlergehen.

Wahrheit

„Wahrheit bedarf oft nicht vieler Worte,

manchmal auch keiner.“

Christine Werth
Menschenrechtsaktivistin

Das Grundbedürfnis
Zuneigung

*Zuneigung ist
die ehrliche Aufmerksamkeit,
die wir unseren Mitmenschen
zukommen lassen.*

Jeder von uns benötigt das aufrichtige Wort und die Empathie seiner Mitmenschen – in den unterschiedlichsten Situationen.

Durch Zuneigung fühlen wir uns zugehörig und angenommen, wir stehen nicht am Rande.
Wir brauchen die Hand, die unsere nimmt, und gerade auch dann, wenn Enttäuschungen, Einsamkeit und Krankheit die Freude am Leben trüben.

„Wir neigen dazu, Erfolg nach der Höhe unserer Gehälter oder nach der Größe unseres Autos zu bestimmen – nicht aber nach dem Grad unserer Hilfsbereitschaft und dem Maß unserer Menschlichkeit."

Martin Luther King jr. 1929-1968
Menschenrechtsaktivist
Friedensnobelpreisträger

Das Grundbedürfnis
Anerkennung

Der Schatz der Anerkennung
ist überall zugegen,
wir sollten ihn verschwenden.

Das innere Verlangen nach Anerkennung ist von universaler Bedeutung – es ist allumfassend, besonders weitreichend und berührt sämtliches Denken und Handeln mit tiefer Nachhaltigkeit.
Anerkennung ist für uns Menschen in allen Lebensbereichen wichtig.
Bereits ein wohlgesonnener Blick, ein ehrlich gemeintes Danke sowie das Wahrnehmen und Aussprechen auch bei kleinen Veränderungen/Verbesserungen fördern die Motivation in jedem Menschen.

Wahrheit schafft Frieden

Ab dem Zeitpunkt, ab dem für zahlreiche Bürger die Wahrheit wichtiger ist als Privilegien, Prestigestatus und Ängste, wird sich die Welt im Sinne der Menschlichkeit deutlich wandeln.

Das Grundbedürfnis
Harmonie

Sobald wir bewusster in uns hineinhören, vernehmen wir die Sehnsucht nach Harmonie – dies ist keineswegs Gefühlsduselei.

Viel mehr geht es dabei um das ganz natürliche Grundbedürfnis, sich mit seinen Mitmenschen, der Umwelt und auch mit sich selbst im Einklang zu befinden.

Es ist wichtig, dass wir uns zugestehen, nach Harmonie zu streben.

Ein Dasein in wirklicher Balance erreichen wir nur dann, wenn wir harmonische Beziehungen zu unseren Mitmenschen aufbauen.

Sich Mühe geben andere zu verstehen, ist ein lohnenswerter Schritt zu einem empathiegeprägten Miteinander.

Die Natürlichkeit
des Lebens

Wenn wir Menschen der Natur nicht entsprechen, überholt sie uns, bevor wir ihr Geschenk – das Leben – überhaupt begreifen.

Das Grundbedürfnis
Fortpflanzung

Das innere Verlangen nach Fortpflanzung ist ein enger Verbündeter des Unterbewusstseins und des Selbsterhaltungstriebes. Gemeinsam geht es diesen drei bemerkenswerten Eigenschaften grundsätzlich zuerst darum, das Überleben von uns Menschen zu sichern.

Gleichzeitig ist damit die intuitive, aber konkrete Vorstellung eines Weiterlebens nach dem Tode verbunden, indem wir die berechtigte Hoffnung festhalten, dass ein Teil unseres Ichs, ein Teil unserer Gedanken, bestenfalls in anderen Menschen weiterexistiert.

Fortpflanzung – das natürliche
Verlangen, die Spezies Mensch
zu erhalten.

An erster Stelle

In allen Lebensbereichen
und bei allen Entscheidungen,
muss der Mensch und
seine Grundbedürfnisse
an erster Stelle stehen.

Das Grundbedürfnis
Sexualität

Unser tägliches Dasein wird durch das natürliche Verlangen nach Sexualität stärker beeinflusst als wir oft annehmen.

Wir Menschen bestehen aus Körper, Geist und Emotion – sobald wir diese erstaunliche Verbindung ganzheitlich leben können, fühlen wir uns rundum wohl. Das Glücklichsein wird spürbar.

Dennoch ist es nötig, dass wir unseren gesunden Menschenverstand nutzen.

Hinsichtlich der Gesundheit und der Würde unserer Mitmenschen, so auch gegenüber uns selbst, dürfen wir uns keinesfalls dazu hinreißen lassen, dem sexuellen Verlangen um jeden Preis nachzugehen.

In einer harmonischen Partnerbeziehung finden sich ausreichend Wege, um der Sexualität die entsprechende Aufmerksamkeit zu schenken.

Meinungsäußerung und Wahrheit

Das tatsächliche Recht der freien Meinungsäußerung besteht erst dann, wenn das Suchen nach der Wahrheit und das Veröffentlichen von Fakten, die der Wahrheitsfindung dienen, nicht zur Ausgrenzung oder Bestrafung derer führen, die wahrheitssuchend sind.

Das Grundbedürfnis
Freie Meinungsäußerung

Es ist zweifelsfrei ein besonderes Wesensmerkmal, das Verlangen in uns zu tragen, eine nützliche Meinung kund tun zu wollen. Schließlich ist unsere mentale Veranlagung von Natur aus dazu geschaffen, Vorgänge gedanklich zu erfassen, Worte zu bilden, um sie sprachlich einzuordnen.

Daraus entwickelt sich ganz von selbst der natürliche Drang, sich äußern zu wollen.

Das Aussprechen seiner persönlichen Ansichten ist für jeden Menschen sehr wichtig.

Durch das Austauschen von Meinungen und Argumenten können wir das Sinnvollste aus einer Situation hervorbringen.

Unsere Äußerungen sollten immer mit dem Anspruch der Wahrheit und der Wahrheitsfindung einhergehen.

Die ersten Schritte

Wenn du einen ernsthaften Beitrag zu einer deutlich menschlicheren Gesellschaft leisten willst, sollte einer deiner ersten Schritte sein, dich nicht länger an alle gewohnten Abläufe zu klammern.

Das Grundbedürfnis
Kreativität

*Kreativität ist das natürliche
Verlangen nach mentaler
Förderung, Fähigkeiten zu erlangen,
sie zu leben und zu erweitern.*

Wir benötigen ein wohlwollendes Umfeld, um unsere Kreativität entfalten zu können. Wird uns ein solches vorenthalten, trocknet diese besondere Quelle nach und nach in uns aus.

Von daher ist es sehr wichtig, stets darauf zu achten, dass unsere Entwicklungspotentiale nicht eingeengt werden.

Wir Menschen haben sehr wohl das natürliche Recht auf freie Entfaltung, insbesondere in geistiger Hinsicht.

Entfaltung

Wo der Mensch bereits in seiner frühen Jugend auf Leistung getrimmt wird, bleibt die Entfaltung der natürlichen Eigenschaften auf der Strecke. Unsere geistige, emotionale und körperliche Entfaltung muss zu jeder Zeit gewährleistet sein!

Stützwerk - Würde

Die Menschenwürde ist ein wichtiger, natürlicher Teil unseres Ichs.

Sie ist ein übergeordneter, festverankerter, permanenter Bewusstseinsvorgang, der durch die elementaren Grundbedürfnisse und deren menschenspezifisches Verlangen fortwährend spürbare, existenzielle Substanz erhält.

Damit wird unsere Würde zum geistigen, emotionalen Stützwerk, das eine Grundlage für sämtliche Denkprozesse und Verhaltensweisen bildet.

Ein wenig über mich

Kaum ein Tag vergeht, an dem es mich nicht tief berührt, was auf dieser Erde seit langem schon geschieht.

Daher ist es verständlich, dass ich mir in unverbesserlicher Weise Harmonie und Frieden unter uns Menschen wünsche.

Am 4. Dezember 1962 wurde ich in Schweinfurt/Nordbayern geboren.

Zu meinem heutigen Wissensstand kam ich, weil ich meine ausgeprägten, autodidaktischen Fähigkeiten erkannte und nutze.

Damit ist es mir möglich, die natürlichen, elementaren Grundbedürfnisse (mindestens 12), ihre existenzielle Bedeutung, sowie wichtige, gesellschaftspolitische Zusammenhänge seit über 20 Jahren viel bewusster zu hinterfragen und gewissenhaft zu analysieren.

Hinzu kamen unzählige Gespräche mit Bürgern an verschiedenen Orten – dies tue ich nach wie vor.

Mit dem Niederschreiben meiner umfangreichen Analysen und Ergebnisse begann ich 2001.

Bevor ich mit dem Schreiben begann, absolvierte ich 1991 in der Hotelfachschule Bad Reichenhall die Prüfung zum Restaurant-Meister. Vorange-

gangen war die Ausbildung zum Restaurant-
fachmann in Bad Kissingen, sowie berufliche
Stationen in Bern, Rottach Egern und Würz-
burg. Nach der Hotelfachschule kam es zu Füh-
rungstätigkeiten in Braunlage, Darmstadt und
Mannheim.
Vor 18 Jahren gründete ich den Verein *...mensch
bleib Mensch!* e.V., der sich für deutlich mehr
Menschlichkeit engagiert.
www.mensch-bleib-mensch.de

Übereinstimmungen mit meiner Lebensphiloso-
phie finde ich bei Albert Schweitzer, Mahatma
Gandhi, Martin Luther King jr., Nelson Mandela
und Jean-Jacques Rousseau.

Zuversichtliche Grüße

Weitere Informationen

Liebe Leserin, lieber Leser,

wenn du mir zu den Inhalten meiner Bücher oder zu anderen Themen etwas schreiben möchtest, kannst du dies bitte unter folgenden Adressen tun:

E-Mail:
mail@michael-johanni.de
info@mensch-bleib-mensch.de

Internet:
www.buecher-charakter.de
www.michael-johanni.de
www.mensch-bleib-mensch.de

Meine weiteren Werke

Du hast mindestens
12 Grundbedürfnisse
Lebensqualität braucht Wissen

Kurztexte, 80 Seiten, ISBN: 978-3-6957-0081-3

Menschlichkeit ist der Weg
Unser menschliches Potential
Kurztexte & Geschichten zum Nachdenken

92 Seiten, ISBN: 978-3-8192-9345-0

Ein Meer aus bewegten Gedanken
für eine Welt in Frieden
Erlesenes Nachschlagewerk mit 400 bedeutsamen
Aphorismen & Kurztexten, verfasst 2005-2024

Hardcover, 180 Seiten, ISBN: 978-3-7597-0241-8

Das Gute wird sich durchsetzen
Unser menschliches Potential,
Hindernisse und Chancen

152 Seiten, ISBN: 978-3-7578-2487-7

Weiter auf der nächsten Seite bitte

Raus aus der Apathie

... und dem Leben die Türen öffnen

280 Seiten, ISBN: 978-3-7543-9739-8

Lila Bäume

Wir brauchen keine Illusionen

152 Seiten, ISBN: 978-3-7557-4150-3

Das Zerbrechen unserer Kultur

Das Niveau einer Gesellschaft zeigt sich
im Umgang mit der Menschlichkeit

156 Seiten, ISBN: 978-3-8192-1161-4

Zukunft braucht Courage

Abwarten bringt uns nicht weiter!

224 Seiten, ISBN: 978-3-7568-8786-6

... damit das Morgen eine Aussicht hat

Zwei Eingänge

60 Seiten, ISBN: 978-3-7557-7986-5

Weiter auf der nächsten Seite bitte

Verwandle deine Hoffnung in Ziele
Motivierende Aphorismen & Kurztexte

80 Seiten, ISBN: 978-3-7583-7363-3

Wie wir in der täglichen Begegnung zum Sender und Empfänger wichtiger Informationen werden
Bewusstes Kommunizieren

64 Seiten, ISBN: 978-3-6951-9399-8

Ich glaube, die Blätter sprechen miteinander
Meine Gedanken

Kurztexte, 64 Seiten, ISBN: 978-3-7578-0325-4

The little basic needs book
A walkable path

Englisch
Kurztexte, 44 Seiten, ISBN: 978-3-7693-2172-2

Meine bisherigen Bücher wurden vom Verlag
BoD-Books on Demand GmbH, Hamburg, verlegt.

Das sollten unsere
wichtigsten Anliegen sein:

Gesundheit, Wahrheit,
Würde, Freiheit.